오늘은 고슴도치의 생일날이에요.
아기 토끼는 생일 선물로 당근 케이크를 만들기로 했어요.
"엄마, 당근 케이크 빨리 만들어요."
엄마 토끼는 바구니에서 당근을 꺼내며 말했어요.
"그래, 이제 시작해 볼까?"
"먼저, 빵을 접시에 놓고 당근 크림을 발라 주렴."

아기 토끼는 조심조심 당근 크림을 빵 위에 발랐어요.
"이번에는 당근 크림 위에 다시 빵을 올리고
당근 크림을 또 발라 주겠니?"
엄마 토끼는 당근 케이크에 올릴 작은 당근들을 고르며 말했어요.

"고슴도치가 아주 좋아할 거야!"
아기 토끼는 새로운 빵을 올리고
그 위에 당근 크림을 다시 발랐어요.
드디어 당근 케이크가 완성되었어요.
"이야, 당근 케이크가 정말 맛있어 보이는걸!"
엄마 토끼가 웃으며 말했어요.

"엄마, 어서 생일 파티에 가요!
고슴도치 선물은 제가 들고 갈게요."
엄마 토끼는 아기 토끼에게 정성껏 포장한 케이크를 건네주었어요.
"조심해서 들렴."

신이 난 아기 토끼는 콧노래를 부르며 팔도 흔들었어요.
"고슴도치가 당근 케이크를 보고 어떤 표정을 지을까?"
아기 토끼는 고슴도치의 표정이 궁금했어요.

그때 엄마 토끼가 말했어요.
"저런! 그렇게 케이크 상자를 흔들면서 걸으면
당근 케이크가 지진이 났는지 알고 깜짝 놀랄 거야!"
"지진요? 지진이 뭐예요?"
아기 토끼가 두 손으로 케이크 상자를 꼬옥 안으며 말했어요.

"땅속은 진흙, 모래, 자갈들이 여러 층으로 겹겹이 쌓여 있단다.
당근 케이크 만들 때, 여러 겹으로 쌓았던 것처럼 말이야."
엄마 토끼는 아기 토끼가 안고 있는 케이크 상자를 가리키며 말했어요.

"지진은 커다란 암석이 갑자기 갈라지고 부서지면서 흔들리는 걸 말한단다. 지진이 일어나면 집이나 건물이 흔들리고 땅이 갈라져서 아주 위험해."
"땅이 흔들려요? 집도 흔들려요? 아이 무서워!"
엄마 토끼는 아기 토끼 손을 잡아 주었어요.

"그리고 땅속의 마그마와 가스*가 땅 위로 뚫고 올라와
화산*이 폭발하는 것도 지진을 일으키는 원인 중 하나란다."
"폭발이요? 엄마, 저 산도 화산 폭발해요?"
아기 토끼가 말했어요.

---
* 가스 는 연료로 사용되는 기체를 말해요.
* 화산 은 땅속에 있는 마그마가 분출하여 만들어진 산을 말해요.

그러자 엄마가 웃으며 대답했어요.
"아니, 모든 산이 화산 폭발을 하는 건 아니야."
아기 토끼는 지진과 화산 폭발은
무척 위험한 것이라고 생각했어요.
"휴, 다행이야."

"엄마, 지진이 일어나면 어떻게 해야 해요?"
"지진으로 땅이 흔들리면 바로 건물이나 집 밖으로 나가야 해.
밖으로 나갈 수 없을 때는 천장이나 높은 곳에서
물건들이 떨어질 수 있으니 식탁이나 책상 밑으로
들어가야 한단다. 머리 보호를 위해 쿠션으로
머리를 감싸는 것도 잊으면 안 돼!"

"아하, 그렇군요. 꼭 기억할게요!"
아기 토끼는 큰 소리로 대답했어요.

딩동딩동!
엄마 토끼가 지진에 대해 설명하는 동안
고슴도치 집에 도착했어요.
"고슴도치야, 생일 축하해!"
아기 토끼가 케이크 상자를 내밀었어요.

고슴도치는 케이크 상자를 열고
당근 케이크를 한입 먹었어요.
"우아! 맛있다. 고마워, 아기 토끼야!"
"휴, 지진 케이크가 아니어서 정말 다행이야."
아기 토끼가 작은 목소리로 속삭였어요.

지진은 왜 일어날까요?

지진은 어떤 원인에 의해 땅이 갈라지며 흔들리는 현상이지요.
특히 지층이 휘어지거나 끊어질 때 일어나요.
지구 안에서 누군가가 땅을 흔들어대는 것일까요?

지진이 일어나는 이유

1 큰 산이 만들어질 때

2 화산이 분출할 때

3 땅이 꺼질 때

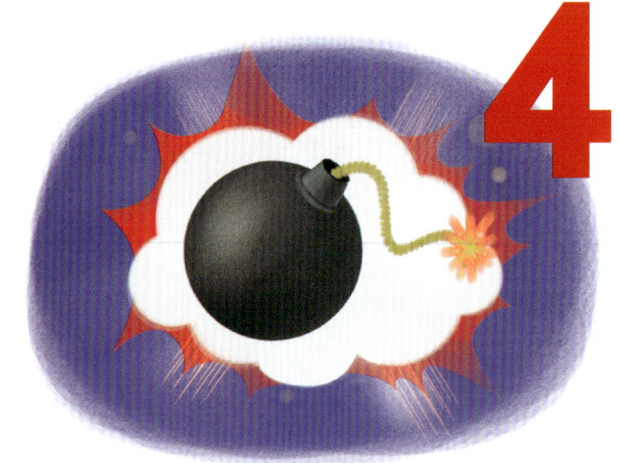
4 폭발물이 터질 때

지진 대피 방법

갑자기 지진이 일어나면 어떻게 해야 할까요?
대부분 지진은 매우 짧은 시간 동안 발생하므로
침착하게 가까이 있는 안전한 곳으로 피해야 해요.

집 안에 있을 때

재빨리 전기와 가스를 뽑는다.

두 손으로 머리를 감싸고 식탁이나
책상 밑으로 몸을 피한다.

건물 안에 있을 때

엘리베이터를 타고 있다면 재빨리 내리고,
견고한 구조물 아래나 옆으로 가서 웅크린다.

유치원에 있을 때

건물 안에 있는 것이 오히려 위험할 수
있으니 공터로 나온다.

호기심 누리과학 시리즈

누리과정 1. 호기심 가지기

4학년 2학기 4단원 화산과 지진
흔들흔들 지진
단어카드 1종, 화보 1종, 워크지 2종(1, 2 수준), 이야기나누기자료 1종, 지침서

6학년 1학기 1단원 지구와 달의 운동
빙글빙글 도는 지구
단어카드 1종, 화보 1종, 워크지 2종(1, 2 수준), 이야기나누기자료 1종, 지침서

5학년 2학기 1단원 날씨와 우리생활
구름은 어떻게 만들어지는 걸까?
단어카드 1종, 화보 1종, 워크지 2종(1, 2 수준), 이야기나누기자료 1종, 지침서

누리과정 2. 물체와 물질 알아보기

3학년 2학기 4단원 소리의 성질
소리가 떨려요
단어카드 1종, 화보 1종, 워크지 2종(1, 2 수준), 이야기나누기자료 1종, 지침서

6학년 2학기 4단원 연소와 소화
공기야 도와줘
단어카드 1종, 화보 1종, 워크지 2종(1, 2 수준), 이야기나누기자료 1종, 지침서

4학년 2학기 2단원 물의 상태 변화
우리는 삼총사
단어카드 1종, 화보 1종, 워크지 2종(1, 2 수준), 이야기나누기자료 1종, 지침서

누리과정 3. 생명체와 자연환경 알아보기

4학년 2학기 1단원 동물의 생활
나는 바다의 수영선수
단어카드 1종, 화보 1종, 워크지 2종(1, 2 수준), 이야기나누기자료 1종, 지침서

4학년 1학기 3단원 식물의 한살이
내 씨를 부탁해!
단어카드 1종, 화보 1종, 워크지 2종(1, 2 수준), 이야기나누기자료 1종, 지침서

3학년 1학기 3단원 동물의 한살이
겨울을 준비해요
단어카드 1종, 화보 1종, 워크지 2종(1, 2 수준), 이야기나누기자료 1종, 지침서